AUGUSTE PUIS

Une Ligue des Neutres

au XVIII⁰ siècle (1780)

PAGES D'HISTOIRE

TOULOUSE

IMPRIMERIE ET LIBRAIRIE ÉDOUARD PRIVAT

14, RUE DES ARTS (SQUARE DU MUSÉE)

1918

DU MÊME AUTEUR

Auguste PUIS

Une Ligue des Neutres

au XVIIIᵉ siècle (1780)

PAGES D'HISTOIRE

TOULOUSE

IMPRIMERIE ET LIBRAIRIE ÉDOUARD PRIVAT

14, RUE DES ARTS (SQUARE DU MUSÉE)

1918

UNE LIGUE DES NEUTRES AU XVIIIᵉ SIÈCLE

(1780)

Dans le conflit actuel, il y a encore des neutres : il
n'y en a plus beaucoup. Le sort de la plupart d'entr'eux
n'est guère enviable. S'ils ont échappé aux horreurs des
invasions et aux hécatombes des batailles, ils subissent
le contre coup de la guerre, et cruellement. Tout ravitaillement leur est à peu près interdit. Bien avant nous,
la Suisse a été forcée de se rationner. La Hollande meurt
de faim et son peuple s'agite. Les pays scandinaves,
moins infortunés, manquent néanmoins de matières
indispensables. Pour tous, la vie normale est suspendue,
l'industrie souvent stagnante, le commerce paralysé. Ils
ont des deuils aussi ; leurs marins ont été massacrés par
les pirates allemands. Leur dignité nationale est à tous
moments en péril ; leurs gouvernements sont constamment
sur le qui-vive pour la sauvegarder ; ils ont à résister
aux sollicitations des camps ennemis et à préserver leur
droit à la paix. Il semble que notre temps, qui a consacré
solennellement la liberté humaine, eût dû assurer éga-
lement la liberté des nations. Il n'en est rien. Jamais le
droit des neutres n'a été plus instable ni plus menacé.
Il était mieux protégé autrefois, avant qu'osât s'affirmer la

monstrueuse théorie de la force. L'histoire de la ligue des neutres en 1780, à cet égard, est pleine d'enseignements et garde une saveur d'actualité. Elle nous révèle le triomphe, au XVIIIᵉ siècle, de principes aujourd'hui méconnus : elle nous montre ensuite que ce triomphe fut assuré, en partie du moins, par une union des neutres eux-mêmes, ce qui est un exemple et une leçon ; et nous y voyons aussi que cette union fut ménagée par la France, qui se trouva, en défendant ses intérêts, défendre aussi, conformément à ses traditions, les faibles contre les forts et la justice contre l'arbitraire.

En 1774, les colonies anglaises d'Amérique se soulevaient contre la métropole et sollicitaient peu après l'appui de la France. Dès mars 1776, le gouvernement français, par des voies détournées, leur avait fait parvenir des armes et de l'argent ; en 1777, après la capitulation du général anglais Burgoyne à Saratoga, il se décida à reconnaître formellement l'indépendance des États-Unis. Le 6 février 1778, un traité d'amitié et de commerce fut signé entre les deux nations : c'est la base historique de l'indestructible amitié qui les unit encore. Ce traité fut communiqué au cabinet anglais par le marquis de Noailles, le 13 mars 1778. Aussitôt, Georges III rappela son ambassadeur de Versailles et fit saisir les navires français dans les ports de Grande-Bretagne. Ainsi éclata, entre l'Angleterre et la France, la guerre prévue et préparée par Choiseul et Vergennes depuis 1763. La France y cherchait une revanche de ses pertes coloniales; mais le comte de Vergennes, un des meilleurs diplomates du xviiiᵉ siècle, souhaitait moins des conquêtes que le rétablissement de l'équilibre rompu par la puissance démesurée de l'Angleterre. Le conflit franco-anglais se limita en effet à la mer et aux colonies; mais comme il s'étendit aux mers de l'Amérique et de l'Asie comme de l'Europe, il posa à nouveau, et d'une manière claire et pressante, la question de la liberté des mers.

Cette question est une des plus délicates du droit international. Sur terre, il existe des frontières fixes: les conflits armés se limitent à des régions relativement restreintes. Le trafic entre les belligérants se trouve par le fait interrompu; mais il subsiste entre le belligérant et les neutres limitrophes, à l'exclusion, du moins en théorie, de la contrebande de guerre et sans contrôle possible pour l'ennemi. Sur mer, rien ne restreint ou ne détermine le champ des hostilités. Il n'y a pas de frontières maritimes, sinon conventionnelles. Les flots illimités semblent un domaine commun à tous, l'empire indivis où tous peuvent vaguer en liberté. Sur les mers se sont toujours réfugiés ceux qui veulent échapper aux lois humaines et qui entendent demeurer toujours, sur le pont de leurs navires, les maîtres après Dieu; ainsi vécurent, en marge des sociétés terrestres et à leurs dépens, les pirates illyriens, les Northmans, les Barbaresques, les flibustiers. Pourtant le géographe et le politique protestent contre la liberté illimitée des mers. D'abord les zones littorales doivent évidemment être soumises à la juridiction de l'état riverain. Puis il y a des États insulaires pour qui la mer, loin d'être une limite, est un centre ou un lien : tel fut, tel est encore le monde hellénique dont la mer est l'âme. Enfin les routes maritimes ont pour certains peuples une valeur particulière, et il est difficile de leur dénier en cas de guerre, sur ces voies qui unissent les parties disjointes de leurs États, un certain droit de contrôle et de surveillance. Et sur mer, le contrôle et la surveillance sont toujours possibles, parce qu'il n'y a pas de frontières. Juridiquement, le problème est complexe : les intérêts et les principes s'y mêlent ; il n'est pas aisé de respecter les uns sans porter atteinte aux autres.

Deux théories s'étaient affrontées autrefois, soutenues toutes deux par des hommes considérables. La première, c'est celle du hollandais Grotius, un des créateurs du droit des gens, dans son *Mare liberum* publié en 1608. La seconde est celle du juriste anglais Selden, dans son *Mare clausum* publié en 1636. Le hollandais a fondé la théorie de la mer libre, domaine commun à tous les peuples, sur laquelle on peut commercer en temps de guerre, avec les pays belligérants, aux mêmes conditions que sur terre, c'est-à-dire en s'interdisant de transporter de la contrebande de guerre. L'anglais a soutenu la thèse de la mer fermée, domaine de celui qui est en mesure d'y contrôler la navigation et d'y interdire le commerce à destination des pays ennemis, domaine anglais en un mot, où l'anglais a le droit de visiter les vaisseaux de tous pays, d'examiner et au besoin de confisquer leur cargaison. Le premier, héritier de la science juridique de la Renaissance et de l'Antiquité, membre d'une nation commerçante et pacifique, tendait à neutraliser la mer. Le second, appartenant à un peuple insulaire, pour qui la mer constituait déjà l'unique débouché et la seule voie de communication avec le reste du monde, en faisait un champ de bataille, parce qu'il comptait que sa nation y serait toujours victorieuse.

Les principes de Selden, qui s'accordaient si bien avec les intérêts de la Grande-Bretagne, sont demeurés depuis le XVII⁰ siècle la règle de sa politique maritime. Pour elle, en cas de guerre, il n'y avait pas de neutres : elle fermait la mer à tous sans distinction, ses vaisseaux arrêtaient et visitaient impitoyablement les navires des puissances non belligérantes, ce qui constituait non seulement une atteinte insupportable à leur dignité, mais une gêne considérable pour leur trafic. L'Angleterre déclarait même bloquées les côtes d'un pays, en vertu d'un décret, et sans s'obliger à rendre le blocus effectif. Le 2 mai 1776 et le 20 février 1777, deux Actes du Parlement avaient défendu absolument tout commerce avec les colonies d'Amérique et annoncé que tous bâtiments enfreignant cette prohibition seraient confisqués et leurs marchandises vendues au profit des équipages qui auraient opéré la capture. Elle prétendit, lorsque la France devint ennemie déclarée, visiter tous navires neutres à destination d'un port français et étendit démesurément la liste des objets de contrebande, y faisant entrer tout ce qui servait, à quelque titre que ce fût, à la fabrication des navires. Ces prescriptions tyranniques étaient destinées à priver les Américains de tout ravitaillement en produits fabriqués, aussi bien qu'en armes ou munitions ; on sait que l'Angleterre avait interdit les manufactures dans ses colonies, afin d'enrichir ses propres manufacturiers. A l'égard de la France, elles avaient pour objet de la gêner dans ses constructions navales. La France demandait en effet du goudron, de la poix, du chanvre, du lin, du bois à l'étranger, la production nationale étant insuffisante. Mais en atteignant sa rivale maritime ou ceux que le roi d'Angleterre appelait ses sujets rebelles, ces mesures atteignaient la Russie, la Suède et le Danemark qui nous fournissaient beaucoup de ces produits, la Hollande surtout qui était, selon l'expression de Voltaire, « le facteur de l'Europe » et dont la marine prospérait par le transport des marchandises de pays en pays. Les navires anglais arrêtèrent les navires de ces États, dès 1777, dans toutes les mers européennes et jusque dans la Baltique, et confisquèrent à bord toutes les marchandises innocentes appartenant à des Français, et toutes les munitions navales, à destination de la France, appartenant à des neutres. Par ces violences, les Anglais poursuivaient alors un but analogue à celui que poursuivent aujourd'hui les Allemands, terroriser les neutres, les empêcher de commercer avec leur ennemi, et les amener, pour leur propre sécurité et avantage, à faire cause commune avec la Grande-Bretagne.

Le roi de France, pour se défendre, fut d'abord tenté d'adopter les mêmes méthodes : l'arrêt du Conseil du 24 juin 1778 interdisait aux vaisseaux neutres le commerce pour le compte de l'ennemi. Mais bientôt des idées plus larges et plus libérales prévalurent : il s'agissait non point de faire assaut avec l'Angleterre en rigueurs tyranniques, mais bien au contraire d'attirer sur notre pays la sympathie des nations lésées dans leur trafic en pratiquant une politique diamétralement opposée, et surtout d'amener les neutres à défendre leur dignité et à protéger eux-mêmes leur propre navigation contre la violence du droit de visite, de consacrer par là, contre la doctrine de la mer close, celle de la mer libre. Ce fut l'objet du Règlement du 26 juillet 1778 qui proclamait la liberté des mers, admettait le blocus, à condition qu'il fût effectif et réel, et reconnaissait formellement le droit des neutres à faire commerce avec l'Angleterre, à l'exclusion de la contrebande de guerre, dans laquelle on ne comprenait pas les munitions navales. Cette concession avait son prix : l'Angleterre, dépourvue de bois, de goudron et de chanvre, tirait toutes ces matières des pays du Nord, Russie, Suède et Norvège. Mais elle était subordonnée à la réciprocité ; les puissances neutres devaient obtenir de Londres un traitement semblable pour les marchandises à destination de la France, sans quoi le règlement devenait caduc *ipso facto*. Le roi de France avait d'autant plus de mérite à adopter une attitude si libérale, qu'il paraissait désavouer par là ses propres alliés, les Américains : ceux-ci, en effet, suivaient les errements anglais, leurs corsaires visitaient et confisquaient sans égards toutes cargaisons anglaises ou à destination de l'Angleterre. Il est remarquable que, seul en Europe et dans le monde,

bien avant que la Russie fût intervenue et contrairement
à la doctrine de la jeune République des États-Unis elle-
même, ce soit Louis XVI et son ministre Vergennes qui
aient proclamé la liberté des océans.

Tout l'effort du comte de Vergennes tendit à la faire
triompher, et, pour cet objet, à exciter les neutres à s'unir
et à s'armer pour la défense de ce précieux privilège. La
besogne était à la taille de ce diplomate réfléchi, patient,
délié, fertile en expédients et admirablement instruit de
l'état de l'Europe pour l'avoir parcourue en tous sens
dans sa longue carrière, qui l'a mené d'Allemagne à
Constantinople et des rives du Bosphore à Stockholm.
Mais elle n'était pas aisée. Toutes les puissances maritimes,
à part la France et l'Espagne, demeuraient plus ou moins
inféodées à l'Angleterre. Le Portugal, depuis 1702, n'était
qu'une sorte de protectorat anglais : les vaisseaux de
guerre britanniques séjournaient dans le port de Lisbonne
aussi commodément qu'à Porsthmouth, et les corsaires
s'y ravitaillaient en toute sécurité : par contre, les
vaisseaux français et espagnols se voyaient appliquer
strictement les règles du droit des gens et refuser souvent
l'entrée des ports lusitaniens. La reine Doña Maria, fai-
ble et qui devait bientôt tomber en démence, n'osait
montrer ses sympathies pour les Français ; son propre
ministre de la marine était intéressé dans les prises anglaises pour 25 %. Aux Pays-Bas, il y avait deux partis :

celui des patriotes, nombreux dans les provinces de Hollande et de Zélande, favorables à la France; celui du stathouder Guillaume V, gouverné alors par son oncle le duc de Brunswick, apparenté à la famille régnante d'Angleterre et favorable à la Grande-Bretagne. En fait, selon l'expression de Frédéric II, la Hollande n'était qu'une chaloupe dans le sillage du grand vaisseau britannique; les Pays-Bas restaient du reste liés à celle-ci par les conventions anciennes que le gouvernement de Londres invoquait pour les faire déclarer contre la France. Mais les Hollandais n'avaient qu'une envie, celle de faire des affaires, qu'une peur, celle d'être entraînés dans la guerre maritime. Aussi bien cet État était-il un des plus difficiles du monde à faire mouvoir : la placidité naturelle à son peuple se compliquait de l'extraordinaire lenteur des délibérations, du dédale des consultations des États particuliers, des avis, préavis et motions parfois révoquées quelques jours après avoir été adoptées, et aboutissant en fin de compte à de vagues et solennelles résolutions des États Généraux, rarement suivies d'effet.

Les États de la Baltique faisaient partie de ce qu'on appelait alors le *Système du Nord*, sorte d'entente des grandes puissances de l'Europe septentrionale, dont l'Angleterre faisait partie. Aussi ne faut-il pas s'étonner qu'elles fussent sympathiques à nos ennemis. Le Danemark avait pour roi le propre beau-frère de Georges III d'Angleterre, Christian VII; celui-ci était gouverné par un ministre de grand talent, le comte de Bernstorff, d'origine hanovrienne, dont toutes les affections allaient à l'Angleterre. Les intérêts du négoce danois justifiaient d'ailleurs la politique anglophile de Bernstorff et, depuis longtemps, des traités d'amitié et de commerce unissaient les deux États voisins, Angleterre et Danemark-Norvège. Par contre, le roi de Suède était un ami de la France : c'était Gustave III dont la jeunesse s'était passée chez nous, dont Vergennes avait lui-même préparé l'avènement en 1772, qu'un coup d'État, opéré avec l'argent français, avait investi d'un pouvoir absolu, et qui ne vivait que des subsides annuels payés par le Trésor royal. Mais Gustave III était léger, ami des plaisirs, dissipateur. De plus, ses desseins politiques, encore que fort capricieux, étaient dominés par la préoccupation de rester d'accord avec la Russie, et de ne pas se brouiller avec l'Angleterre : en quoi le roi de Suède se rencontrait avec le roi de Danemark. De cette manière, l'impératrice de Russie, Catherine II, devenait comme le chef de file sur lequel les États baltes étaient disposés à régler leurs mouvements. Or, en 1778, la « Sémiramis du Nord » était très bien disposée pour les Anglais, fort mal pour les Américains. L'illustre « philosophe » n'a jamais mis d'accord ses principes et ses actions : elle considérait les « *insurgents* » comme des rebelles ; elle ne leur pardonnait pas, du reste, l'enlèvement de navires de commerce venus d'Arkhangelsk. Le système politique de la tsarine reposait donc sur l'entente avec la Grande-Bretagne. A vrai dire, si cette femme remarquable ne laissait à personne le soin de diriger la politique russe, elle subissait des influences diverses, auxquelles l'exposaient son tempérament et ses caprices. A côté du chancelier Nikita Panin, homme d'expérience et plein de finesse, non dépourvu au reste de cet esprit de ruse et de dissimulation qui caractérise les diplomates russes, il fallait compter avec le prince Potemkin, le favori du moment, doué de qualités brillantes, mais orgueilleux, mou, débauché, et surtout vénal, sans qu'on pût s'assurer d'ailleurs de le tenir par des joyaux, des porcelaines de Sèvres, des estampes, ou même des millions. L'intérêt de la Russie était de vivre en bonne amitié avec l'Angleterre, à cause des relations commerciales des deux pays. Mais Catherine II nourrissait de vastes ambitions : elle rêvait de faire de la Baltique un lac russe, de développer la marine moscovite et de la montrer sur les mers, de faire de la Russie une puissance de premier plan, destinée à un rôle éminent en Europe et dans le monde.

Telles sont les difficultés auxquelles Vergennes avait à faire face. Les pays du Nord seront, pendant les années 1778, 1779 et 1780, le théâtre d'une lutte diplomatique ardente, dont nous marquerons brièvement les phases. A la diplomatie française s'opposait la diplomatie anglaise : les deux gouvernements avaient des méthodes différentes, appliquées par un personnel de choix. Au chevalier York, le roi de France opposait en Hollande Paul-François de Quelen, duc de la Vauguyon, un ambassadeur jeune encore, plein du zèle des débutants, mais avisé et actif, qui fut plus tard ministre des affaires étrangères, il était le fils aîné du duc de la Vauguyon, maréchal de France, un des héros de la guerre de Sept ans, et le pré-

cepteur de Louis XVI et de ses frères. En Danemark et
en Suède, s'affrontaient des agents vieillis dans la Carrière. Eden et Caillard, d'Eson et Wroughton. A la cour
de Catherine II, la cour de Londres possédait un repré-
sentant de premier ordre, sir John Harris, comte de
Malmesbury, dont la correspondance est une source précieuse d'informations pour cette période et pour la Mos-
covie ; la France était représentée dans cet empire par le
chevalier de Corberon, de naissance modeste, mais d'une
compétence précieuse dans ces régions exotiques et encore
mal connues de l'Europe. Les uns et les autres négociaient
suivant leur tempérament propre ; les Anglais étaient en
général plus hommes d'affaires, habiles à faire jouer tous
les ressorts secrets : Eden avait lié une amitié étroite avec
le comte Bernstorff ; Wroughton vendait à crédit des dia-
mants à Gustave III pour son plus grand profit personnel,
puisqu'il prélevait 13 % ; Harris exploitait habilement
l'affection que lui témoignait Catherine II, comblait de
cadeaux Potenkin et faisait la cour à une dame qui était
fort avant dans les bonnes grâces du favori. Les Français,
sans dédaigner parfois les petits cadeaux ou les petits
moyens, se confiaient davantage dans la séduction des
beaux raisonnements et excellaient dans l'art subtil du
diplomate qui sait la valeur des mots, en dit beaucoup
pour rien, ou peu pour beaucoup de choses, suivant le
cas. D'une manière générale, la diplomatie anglaise pra-
tiquait de préférence l'intimidation et ne reculait pas
devant le mensonge, voire même devant des falsifications
évidentes : ce sont là des procédés dont les Allemands

ont aujourd'hui le monopole. Au contraire, sans s'interdire le cas échéant le ton énergique qui convenait à un roi puissant, la diplomatie française conservait une prédilection marquée pour les voies de persuasion : sa méthode était d'amener les gouvernements étrangers à désirer ce qu'elle-même souhaitait réaliser. L'exemple des négociations que nous allons raconter succinctement prouve qu'en pareille matière, mieux vaut douceur que violence.

Le premier point était de combattre et de diminuer l'influence anglaise chez les puissances neutres. Vergennes y parvint en mettant en lumière les responsabilités du conflit. Ainsi qu'aujourd'hui, les deux puissances ennemies se représentaient réciproquement comme l'agresseur. De toute évidence, l'Angleterre devait seule être considérée comme tel, puisque ses vaisseaux de guerre n'avaient cessé de molester les nôtres et d'insulter notre pavillon, bien avant le traité franco-américain. C'est le point de vue que La Vauguyon finit par faire prévaloir à La Haye, Caillard à Copenhague, et Corberon à Saint-Pétersbourg. De plus, il fallait empêcher de jouer les traités d'amitié qui liaient à la Grande-Bretagne la plupart des États du Nord : besogne aisée, puisque personne ne se souciait d'entrer en guerre pour aider les Anglais. Nos agents montrèrent les dangers d'une liaison avec l'Angleterre, les avantages d'une liaison avec la France qui ne demandait rien que la simple neutralité. C'était là le premier pas, le plus facile.

La neutralité de la Hollande ne faisait pas de doute, non plus que celle des États scandinaves; celle de la Russie fut assurée à la fin de l'année 1778. Le roi de France cherchait mieux : engager les neutres à faire respecter leur neutralité, c'est-à-dire à adhérer aux principes du Règlement du 28 juillet 1778 qui déclarait la mer libre, et à armer pour protéger leurs navires contre l'exercice abusif du droit de visite. Or, dès que les neutres auraient pris semblable résolution, ils seraient bien près de n'être plus neutres, puisqu'à moins que l'Angleterre ne renonçât à ses méthodes habituelles, un conflit pouvait s'ensuivre avec elle. C'est donc là que commencèrent les difficultés.

Le meilleur allié de la France en l'occurrence, ce fut la Grande-Bretagne elle-même : la saisie de vaisseaux hollandais, danois et suédois par les flottes anglaises contribua à agiter l'opinion dans ces différents pays et seconda les efforts de la diplomatie française. Les marchands réclamaient une protection efficace, particulièrement en Hollande où leur voix pouvait librement s'exprimer. Mais les gouvernements, tout en approuvant la déclaration française, hésitaient devant l'armement des escadres et le convoiement des navires de commerce. L'Angleterre, désespérant d'amener la Hollande, le Danemark et la Russie à armer en sa faveur, avait pris le parti d'empêcher par tous les moyens que ces États armassent, ou de réduire leur armement à la simple protection des eaux territoriales. Dans le Nord et la Baltique, sa tactique réussit. Le Danemark et la Suède, suivant l'impulsion de la Russie, se contentèrent de mettre à la mer quelques navires

pour protéger les côtes du Jutland, de la Norvège et de la
Laponie jusqu'à Arkhangelsk : mesure qui ne profitait
qu'à l'Angleterre, maîtresse exclusive du commerce dans
ces parages et protégeait ses vaisseaux contre les corsaires américains. Les trois États, pour le surplus, s'en tin-
rent aux conventions antérieures qui les liaient à la Grande-
Bretagne, acceptant implicitement l'interprétation anglaise
de la notion de contrebande de guerre. Catherine II au-
rait même voulu faire de la Baltique une mer fermée par
accord avec les puissances riveraines : elle était loin, à ce
moment, des doctrines dont elle a pris la défense deux ans
plus tard. Si son projet échoua pour lors, ce fut grâce à
l'opposition de la Suède, à l'intervention de la Prusse et
à l'action intelligente de l'agent français à Pétersbourg.
Mais en fait, en 1779, la diplomatie française dans le Nord,
n'était pas beaucoup plus avancée qu'au début du conflit.

En Hollande, ce ne fut qu'après deux ans de lutte pied
à pied qu'elle parvint à ses fins. Les Hollandais avaient
dû décider en principe de faire convoyer leurs navires de
commerce : cette résolution, prise à la fin de 1778, mit ce
malheureux peuple proprement entre l'enclume et le
marteau. Il ne pouvait se résoudre à faire partir les convois, faute de décider quelles marchandises étaient ou non
contrebande de guerre. D'un côté, l'Angleterre menaçait,
invoquait le traité d'alliance, et joignait aux menaces la
proposition d'acheter les munitions navales destinées à la
France : le Stathouder, qui lui était acquis, parlait de
mobiliser l'armée de terre. D'un autre côté, la France exi-
geait le convoiement des vaisseaux, annulait les privilè-

ges des marchands hollandais dans les ports français et
frappait leurs navires d'un droit de 50 sous par tonne,
exceptant simplement les bâtiments appartenant aux tra-
fiquants d'Amsterdam et de Haarlem, à cause de leur fidé-
lité à la France. Pendant un an, le Roi prorogea, suspen-
dit ou rétablit l'effet des arrêts de son Conseil, suivant les
fluctuations des États-Généraux. La situation menaçait de
s'éterniser : les villes francophiles formaient des ligues,
faisaient mine de refuser l'impôt. Le dénouement fut hâté
par un acte de violence des Anglais. L'amiral hollandais
de Byland était sorti du Texel avec un convoi comprenant
50 navires chargés pour la France, et 18 autres conte-
nant du bois pour la marine, qui s'étaient glissés à sa
suite sans l'autorisation de l'Amirauté. Ce convoi fut
arrêté, confisqué et mené à Portsmouth par l'amiral Fiel-
ding, sauf 18 navires divers qui purent s'échapper et gagner Brest (31 décembre 1779). L'impression produite
par cette insulte fut tellement profonde que le Stathouder
lui-même se rallia à la thèse française : le 24 avril 1780,
après deux ans d'efforts, les États-Généraux décidaient
que le commerce national serait protégé, et qu'on forme-
rait des convois sans limitation, et en y comprenant tout
ce qui sert à la marine. L'Angleterre avait perdu la partie ; la doctrine de la mer libre triomphait dans les Pays-
Bas. La France y avait reconquis toute son influence.

Au même moment, la même doctrine triomphait en
Russie, mais pour des raisons un peu différentes. Le commerce et la marine russes n'avaient pas eu beaucoup à
souffrir des frégates anglaises ; par contre, Catherine II

avait à se plaindre des corsaires américains et surtout de la flotte militaire espagnole. L'Espagne venait d'accéder à l'alliance française, fidèle au Pacte de famille. Elle apportait dans la guerre contre l'Angleterre une âpre ardeur, sous la conduite de son ministre Florida Blanca et ne désirait rien plus que récupérer Gibraltar et Minorque. Or, la marine espagnole, pour empêcher le ravitaillement des deux possessions anglaises, arrêtait tous les vaisseaux qui passaient le détroit, et rivalisait avec la marine anglaise en rigueurs arbitraires. Les Hollandais avaient particulièrement pâti et les procédés espagnols ne contribuèrent pas peu à embarrasser l'action de la France aux Pays-Bas. Or, en 1779, la cargaison du bateau hollandais *Concordia*, appartenant à des négociants russes, fut confisquée par l'amirauté espagnole; quelque temps après, ce fut un navire russe même, le *Saint-Nicolas*, avec son chargement: c'était juste à la même époque que les Anglais arrêtaient le convoi escorté par l'amiral de Byland. Sir John Harris profita de ces circonstances pour déterminer Catherine II à se déclarer contre l'Espagne, et l'impératrice irritée arma une flotte; mais la France veillait: Vergennes agit énergiquement à Madrid, fit relâcher les vaisseaux neutres saisis. Et comme la tsarine ne souhaitait rien tant que de servir de médiatrice entre la France et l'Angleterre, il se concilia ses bonnes grâces en acceptant sa médiation. Aux intrigues d'Harris, lié avec Potemkin, il opposa l'autorité des services rendus; la France s'entremettait entre les Russes et les Turcs en Crimée et Panin en marquait une vive reconnaissance au Roi; enfin Vergennes venait d'éviter un conflit en Europe centrale à propos de la Succession de Bavière, pour le plus grand avantage du roi de Prusse, et à la grande joie de l'impératrice de Russie, son amie et son alliée. Les violences espagnoles servirent donc au bout du compte les calculs de la diplomatie française. Elles inspirèrent à Catherine II sa Déclaration des 27 février-9 mars 1780[1], qui définissait le droit des neutres, confirmait la doctrine du *mare liberum*; elle comprenait un règlement en cinq articles : 1° Liberté de la navigation neutre; 2° Liberté des marchandises, sauf la contrebande; 3° Définition de la contrebande; 4° Le blocus doit être réel pour être effectif; 5° Les règles ci-dessus devront servir dans la procédure du tribunal des prises. Cet acte capital, rédigé par Panin à l'occasion de l'Espagne, était en réalité dirigé contre l'Angleterre. « Eh quoi, disait Catherine, quelques mois plus tard, à Harris, vous molestez mon commerce et vous ne voulez pas que je me fâche. ... C'est mon enfant que mon commerce, ce sont mes enfants que mes vaisseaux!... » Mais il dépassait même l'Angleterre et formulait de nouveaux principes que la France avait déjà édictés et que l'avenir devait confirmer : il rétablissait dans la guerre maritime la loi naturelle, selon l'expression du chancelier russe lui-même.

1. Voir le texte complet dans Paul Fauchille : *la Diplomatie française et la ligue des neutres*, p. 347 (1893).

Restait à tirer parti de la Déclaration russe. L'idée de
Vergennes avait toujours été d'amener les neutres à s'entendre et à se grouper : l'occasion était trouvée et Catherine II désirait vivement leur faire accepter ses principes; elle croyait sa gloire intéressée à la formation d'une
ligue dont elle serait le chef et qui pourrait imposer ses
lois aux belligérants. Le gouvernement français l'encou-
rageait. La Déclaration du 9 mars fut communiquée à
toutes les puissances. A Versailles, elle reçut un accueil
enthousiaste. A Madrid, l'influence française obtint une
approbation sans réserve et la suspension de toutes les
restrictions mises au commerce des neutres. De même,
la France obtint l'adhésion du Congrès américain (octobre 1780), ainsi que l'envoi d'une ambassade à Pétersbourg
pour notifier l'indépendance et signer un traité d'amitié.
Par contre, la réponse du gouvernement de Londres ne
contenait que de belles paroles vagues. Au moment où
se posait une des plus hautes questions de principes du
droit international, sir J. Harris ergotait, intriguait, pro-
mettait une sécurité spéciale pour la marine russe, travaillait à détourner Catherine du conflit maritime et la
poussait à s'entendre avec Joseph II, hostile aux Américains et tout disposé à machiner avec la tsarine un par-
tage de l'Orient, opération plus profitable. Ce fut en vain.
Pour appuyer d'arguments solides la beauté des théories,
la flotte russe appareillait pour la mer du Nord et la Médi-
terranée, en juin 1780.

Cet armement détermina en partie les neutres à adhérer à la Déclaration moscovite et à entrer dans la ligue projetée. Ce ne fut pas sans difficultés. A Copenhague, Bernstorff, ami des Anglais, essaya d'en entraver la formation : Panin brusqua les choses et, l'escadre russe aidant, imposa au Danemark un traité d'alliance et de neutralité, le 9 juillet 1780 : des clauses secrètes, réalisant la pensée chère à Catherine, prévoyaient la fermeture de la Baltique. Mais Bernstorff parvint à restreindre la portée du traité du 9 juillet; il avait préalablement signé avec l'Angleterre la convention « explicative » du 4 juillet qui interprétait le mot contrebande dans le sens très large que lui donnait le gouvernement de Londres. Il paya du reste ce machiavélisme de son poste : la France, la Russie, l'Espagne réclamèrent sa révocation qui eut lieu le 13 novembre suivant. Mais le Danemark n'en resta pas moins très soucieux de ne pas se laisser entraîner dans la guerre : son adhésion demeura œuvre incomplète. En Suède, Gustave III montrait la même indécision motivée par la même crainte : il voulut savoir, avant d'adhérer, ce que recouvrait la déclaration russe : sa grande préoccupation, à ce moment, était moins la ligue que le départ pour les eaux de Spa, où il comptait se distraire copieusement. Il signa néanmoins : la convention russo-suédoise est du 1er août 1780. La flotte suédoise était sortie de Karlskrona le 10 juin, mais elle ne fit rien de remarquable. Pour gagner du temps, l'Angleterre invoquait en faveur de sa thèse les vieux traités anglo-suédois dont elle falsifiait audacieusement les termes. La France agissait énergiquement pour ajuster la ligue à ses intérêts : peine perdue : en réalité, la Suède, comme le Danemark, suivait l'impulsion de la Russie, de mauvaise grâce, attentive à ne pas se brouiller entièrement avec la Grande-Bretagne.

L'accession de la Hollande à la ligue des neutres eut des conséquences plus graves. La note russe, adressée aux États-Généraux le 3 avril 1780 et les invitant à faire cause commune avec la Russie, les trouva dans des dispositions heureuses : le 24 avril, les États-Généraux votaient une résolution favorable. C'eût été peu connaître les méthodes hollandaises que de croire à l'effet immédiat de cette décision. De plus, le parti anglais travaillait avec acharnement à empêcher l'adhésion des Provinces-Unies, et se rabattait sur la condition préliminaire d'une garantie des colonies hollandaises, précaution qui, il faut l'avouer, n'était pas superflue ; enfin la négociation ayant été transportée à Pétersbourg, pour déférer aux désirs de la tsarine, les choses traînèrent. Par bonheur La Vauguyon et Galitzin à La Haye, Panin à Pétersbourg emportèrent la décision : le 19 octobre, les délégués hollandais en Russie étaient autorisés à traiter ; le 20 novembre, la convention de neutralité armée était signée. C'était l'échec complet de l'Angleterre. Alors cette puissance exécuta les menaces si souvent faites et, le 25 décembre, après un incident exploité avec arrogance, la saisie d'un projet de traité entre l'Amérique et la Hollande en 1779, elle déclara la guerre aux Hollandais, en dépit de toutes les concessions que ceux-ci se déclarèrent disposés à lui faire. Comme le dit une chanson du temps, la *chanson des 14 Tout,*[1] « la Hollande paya le tout », elle subit le sort des faibles, perdit Négapatam dans l'Inde, nombre de postes coloniaux et pas mal de navires. Toutes proportions gardées, elle eut le sort de la Roumanie dans la guerre actuelle.

Successivement, tôt ou tard, les autres puissances de l'Europe adhérèrent à la déclaration russe du 9 mars : la Prusse, l'Autriche, le roi des Deux-Siciles et le Portugal lui-même. Mais, pour qu'une pareille union fût efficace, il eût fallu que tous les neutres s'entendissent pour coaliser leurs forces contre l'Angleterre. Contents d'avoir forcé la Grande-Bretagne à formuler, par la bouche de Fox, en 1782, une reconnaissance de principe de la liberté des mers, la plupart, instruits par l'exemple de la Hollande, ne songeaient qu'à s'éviter les périls d'une intervention. Même la triple entente Russie-Danemark-Suède se contenta de fermer la Baltique : Catherine II, heureuse d'un rôle qu'elle n'avait pas cherché, n'avait nullement l'intention de se déclarer contre les Anglais :

1. La *Chanson des Quatorze Tout* se compose de 14 vers[e] se terminant par « *tout* » :

> « La France entreprend tout.
> L'Espagne ne fait rien du tout.
> L'Angleterre se bat contre tout.
> Etc. . . . .
> . . . .
> La Hollande payera le tout.
> Le Pape craint le tout .
> Si Dieu n'a pitié de tout.
> Le diable emportera tout. »

V. Paul Fauchille, *op. cit.,* p. 582, d'après la lettre de M. de Kageneck au baron Alstroener, 1782.

« La neutralité armée, disait-elle à Harris, est une nullité armée !... » Elle ne réussit pas même à imposer la paix aux belligérants. La Grande-Bretagne ne fut amenée à résipiscence que par la capitulation de Yorktown (19 octobre 1781), suivie de la démission de lord North, auteur responsable, avec Georges III, de la rupture avec les Américains. Il n'en est pas moins vrai que l'essai, même bien incomplet, de groupement des puissances maritimes contre les Anglais les avaient gênés, humiliés dans leur prestige, en leur montrant — moins que les victoires de Guichen et de Suffren — que l'empire de la mer ne leur appartenait plus exclusivement.

Ce qui est resté, ce sont les principes défendus par la France et affirmés dans la Déclaration russe du 9 mars 1780. Dans le traité de Versailles, il n'est sans doute pas fait allusion à cette dernière Déclaration, mais ses idées n'ont pas été sans influence : un article y affirme le respect sous pavillon neutre de la marchandise inoffensive, ainsi que des ennemis eux-mêmes. Théoriquement, c'est en 1780 et en 1783 que furent, pour la première fois, officiellement formulés les principes auxquels le congrès de Paris, en 1856, donna une consécration éclatante et auxquels il faudra bien revenir un jour.

Mais l'exemple de la neutralité armée montre à l'évidence que si des principes peuvent bien réunir les hommes et servir de base à l'alliance des États, pour les faire passer dans la réalité on ne peut se contenter de les formuler : il faut mettre la force à leur service. La doctrine de la mer libre a trouvé ses meilleurs arguments dans les

exploits admirables de nos admirables marins, de Cha-
teaurenault, de Guichen, de Suffren, dans les victoires de
Lafayette, de Washington et de Rochambeau. Si nous
avions été les plus faibles, il n'est pas téméraire de pen-
ser que le *mare clausum* eût, une fois de plus, triomphé
du *mare liberum*. C'est que la neutralité même armée,
dans les grands conflits, n'est pas une attitude ni une
fin en soi; il faut être assez forts pour la faire respecter
ou la maintenir. D'autre part, il est des principes vis-
à-vis desquels la neutralité est une abdication. Contre
la tyrannie maritime des Anglais au XVIII siècle, les
neutres, excités par Vergennes, se sont élevés; quelques-
uns ont armé : aucun n'a agi, sinon la France. Par for-
tune, le bon droit a triomphé. Quel retour mélancolique
ne devons-nous pas faire sur les événements récents! Là
aussi le monde était menacé par une tyrannie monstrueuse; mais les neutres ne se sont pas concertés; ils
n'ont pas armé; ils n'ont même pas protesté contre la
violation des droits les plus sacrés des États. Et pourtant
que n'eût pas fait leur union active! Combien leur intervention eût abrégé la guerre! Mais, comme en 1780, ils
savent aujourd'hui que la France combat pour eux. Et
comme alors, dans cette guerre incomparablement plus
rude, elle fera triompher les idées de justice pour les-
quelles ils n'ont pas osé se lever, moins hardis que leurs
ancêtres du XVIII siècle.

12 juin 1918.

SOURCES

Bourgeois. *Manuel historique de politique étrangère*, t. I.

Lavisse. *Histoire de France*, t. IX, I.

P. Fauchille, *la Diplomatie française et la ligue des neutres*, 1893.

L. Malmesbury, *Diaries and correspondence*; etc.

TOULOUSE. — IMPRIMERIE ET LIBRAIRIE ÉDOUARD PRIVAT.